Zona de construcción

Los camiones hormigonera

por Rebecca Pettiford

Bullfrog
en español

Ideas para padres y maestros

Bullfrog Books permite a los niños practicar la lectura de textos informativos desde el nivel principiante. Las repeticiones, palabras conocidas y descripciones en las imágenes ayudan a los lectores principiantes.

Antes de leer

- Hablen acerca de las fotografías. ¿Qué representan para ellos?
- Consulten juntos el glosario de las fotografías. Lean las palabras y hablen de ellas.

Durante la lectura

- Hojeen el libro y observen las fotografías. Deje que el niño haga preguntas. Muestre las descripciones en las imágenes.
- Léale el libro al niño o deje que él o ella lo lea independientemente.

Después de leer

- Anime al niño para que piense más. Pregúntele: Los tambores de los camiones hormigonera giran mientras que los camiones están andando. ¿Has visto alguna vez un camión hormigonera? ¿Estaba girando su tambor?

Bullfrog Books are published by Jump!
5357 Penn Avenue South
Minneapolis, MN 55419
www.jumplibrary.com

Library of Congress Cataloging-in-Publication Data

Names: Pettiford, Rebecca, author.
Title: Los camiones hormigonera
por Rebecca Pettiford.
Other titles: Concrete mixers. Spanish
Description: Minneapolis, MN: Jump!, Inc., [2023]
Series: Zona de construcción
Translation of: Concrete mixers.
Audience: Ages 5–8
Identifiers: LCCN 2022009216 (print)
LCCN 2022009217 (ebook)
ISBN 9781636909905 (hardcover)
ISBN 9781636909912 (paperback)
ISBN 9781636909929 (ebook)
Subjects: LCSH: Concrete mixers
Juvenile literature.
Classification: LCC TA439 .P395618 2023 (print)
LCC TA439 (ebook)
DDC 620.1/36—dc23/eng/20220316

Editor: Jenna Gleisner
Designer: Michelle Sonnek
Content Consultant: Ryan Bauer
Translator: Annette Granat

Photo Credits: Guy Crittenden/Getty, cover; Andyqwe/iStock, 1, 4, 16–17, 24; StockPhotosArt/Shutterstock, 3; Supagrit tatongboon/Shutterstock, 5; northlight/Shutterstock, 6–7, 23tl; kasarp studio/Shutterstock, 8–9; majorosl/iStock, 10–11; kozmoat98/iStock, 12; AleksWolff/Shutterstock, 13; Nuad Contributor/Shutterstock, 14–15; ungvar/Shutterstock, 18, 23br; Cavan-Images/Shutterstock, 19, 23tr; Monkey Business Images/Shutterstock, 20–21; Umlaut2013/Dreamstime, 22; Orange Line Media/Shutterstock, 23bl.

Printed in the United States of America at Corporate Graphics in North Mankato, Minnesota.

Tabla de contenido

Un gran mezclador

Este es un camión hormigonera.

Es una máquina grande.

El camión mezcla el concreto.

El concreto primero está húmedo.

pared de concreto

Este se seca.

Se pone duro y fuerte.

Él hace cosas, como calles y paredes.

Hoy, haremos una acera.

Primero, mezclamos el concreto.

La mezcla va a la canaleta giratoria.

canaleta
giratoria

tambor
depósito de agua

Esta va dentro del tambor.

Se le añade agua.

El agua mantiene húmeda la mezcla.

El tambor gira.
¿Por qué?

Este mezcla el concreto.
Esto lo mantiene húmedo.
No puede secarse.

Sam maneja el camión.

El tambor sigue girando.

Es hora de verter el concreto.

Este se desliza por la tolva de descarga.

Lo extendemos.

Se seca.

¡Se convierte en una acera!

Las partes de un camión hormigonera

¿Cuáles son las partes de un camión hormigonera? ¡Échales un vistazo!

Glosario de fotografías

concreto
Un material de construcción duro y fuerte que se hace al mezclar agua con cemento.

extendemos
Colocamos o ponemos algo sobre un área.

tolva de descarga
Un pasaje o espacio en bajada para dejar que las cosas se deslicen o lo atraviesen.

verter
Permitir que algo fluya hacia afuera.

Índice

Para aprender más

Aprender más es tan fácil como contar de 1 a 3.

1. Visita www.factsurfer.com
2. Escribe "loscamioneshormigonera" en la caja de búsqueda.
3. Elige tu libro para ver una lista de sitios web.